APPEL

A LA

JUSTICE PUBLIQUE.

PARIS.

—

1844.

Ce n'est qu'après avoir eu recours inutilement à toutes les autorités (tant étrangères que nationales), quenous nous sommes décidé, comme dernière ressource, à vendre ce livre pour procurer à une famille entière les moyens d'existence que lui a ravi l'injustice.

Victime d'actes inqualifiables et d'une scandaleuse spoliation, si je prends enfin le parti de recourir directement
à la justice de l'esprit public, comme à celle du tribunal
suprême, c'est que j'ai stérilement, et même à mon grand
dommage, épuisé tous les autres moyens. Pour obtenir
la réparation qui m'est due, je me suis adressé aux tribunaux ; les tribunaux m'ont donné gain de cause, mais,
tout en consacrant mon droit par leurs décisions, ils ont
consommé ma ruine, parce qu'ils ne m'ont indemnisé
d'aucune perte, et qu'ils m'ont laissé sous le poids des
frais énormes qu'entraînent toujours les longs procès. Je
me suis adressé aux Gouvernements ; les Gouvernements,
par faiblesse ou incurie, n'ont rien fait pour moi. Ils ont
bien aussi reconnu l'équité de mes réclamations, mais
ils ne m'ont donné en retour, jusqu'à présent, que des
consolations hypocrites et des promesses sans fruit.

Si donc aujourd'hui je fais un appel à la droiture de
l'opinion publique c'est que je n'ai pas trouvé de droiture là où j'aurais dû principalement en rencontrer.
J'espère, par une grande publicité donnée à des excès
intolérables, amener le rouge au front de ceux qui en
ont souffert, peut-être même encourager la perpétra-
tion, et, la honte aidant, obtenir enfin ce que je réclame,
ce qui m'est dû depuis cinq années. C'est là mon dernier
refuge ; je n'ai plus d'autre égide que l'équité du peu-
ple, puisque celle des Gouvernements m'a fait défaut.

MAILLET.

Voici quelle était ma position, lorsque je vins m'établir en Belgique, vers la fin de l'année 1832 :

J'avais tous les éléments nécessaires à la prospérité d'une maison de commerce, vendant en gros les articles de nouveautés. Ni les connaissances, ni les relations ne me manquaient. Je me sentais capable d'assurer l'avenir d'une famille qui se composait de plus de quinze personnes, dont la fortune était si solidairement liée à la mienne, qu'aucune d'elles n'a pu résister au coup qui m'a atteint. Je venais d'ailleurs en Belgique sur la foi du droit des gens, des lois établies et des bons rapports qui existaient entre ce pays et la France.

Pendant plusieurs années, les choses suivirent un cours régulier. J'avais étudié les besoins et les ressources, j'avais établi des relations avec les fabriques belges, en même temps qu'avec celles de France, d'Angleterre et d'Allemagne ; dès 1835, je faisais le négoce sur une grande échelle.

A cette époque, j'achetai pour 60,000 francs de mérinos français, et c'est à cette spéculation que je rattache la longue série des tribulations que l'on m'a fait subir.

Trompé dans mes prévisions, j'avais été obligé de conserver, pendant plusieurs années, ces marchandises en magasin. Les caprices du goût, l'envahissement des mousselines-laines et d'autres circonstances encore avaient amené ce résultat. Le fait est qu'en 1838, je n'avais presque rien vendu de ces marchandises. Cependant la quantité et l'importance en étaient telles, qu'il me fallut chercher le moyen d'en avoir l'écoulement. Je jugeai qu'une vente publique serait à la fois et le plus prompt et le moins dispendieux, puisque la réalisation serait immédiate et que généralement la concurrence des acheteurs empêche l'avilissement des prix.

Cette idée était bonne, et la preuve, c'est qu'en moins d'un mois j'avais vendu pour quarante-sept mille francs de mérinos, à des prix qui m'indemnisaient de ma longue attente. Mes espérances avaient été dépassées, puisque je trouvais bénéfice là où j'attendais une perte. Aussi, ce résultat m'engagea-t-il à suivre cette voie nouvelle qui semblait devoir être celle de la fortune pour moi.

Je fis des achats considérables. Je formai un assortiment complet de marchandises bien choisies, et je me rendis à Bruges, puis à Courtrai ; là je réalisai, en un mois, plus de cinquante mille francs.

C'était plus que je n'avais espéré. Quel succès ne devait pas m'attendre dans des villes plus importantes ? J'avais hâte d'en faire l'épreuve, et, muni d'un assortiment de marchandises dont la valeur était de plusieurs centaines de mille francs, je me rendis à Anvers. En 29 jours, j'avais vendu pour plus de 75,000 francs.

C'en était trop pour que la jalousie des marchands du lieu ne fût pas violemment excitée, avec d'autant plus de raison qu'ils sentaient leur infériorité. Il leur était, en effet, impossible d'offrir aux consommateurs les mêmes avantages que moi. Mes marchandises étaient plus fraîches, plus nouvelles, meilleures, et je vendais moins cher.

De la jalousie à l'envie, puis à la coalition des intérêts froissés, il n'y avait qu'un pas ; ce pas fut vite franchi. Dieu sait de quels propos je fus l'objet ! les dires les plus absurdes circulèrent et trouvèrent crédit. Un journal alla même jusqu'à prétendre que je n'étais autre chose qu'un agent secret du Roi Louis-Philippe, et que ma mission était d'écouler, au préjudice de la Belgique, les marchandises qui encombraient les fabriques de Paris et de Lyon ! des étoffes d'élite, qui certes étaient vendues avec un large bénéfice, n'étaient, au dire des boutiquiers, que des fonds de magasin, vendus à vil prix, donnés avec une sorte de prime, pour débarrasser la France et ruiner le commerce belge!

Des pétitions furent signées, et un député se présenta qui prit l'initiative d'un projet de loi tendant à empêcher les ventes publiques.

Vainement des voix nombreuses s'élevèrent-elles contre l'adoption de ce projet. L'intérêt privé se subdivisa à tel point, agit à la fois avec tant de persistance et d'harmonie, fit si bien en définitive, que la législature belge, si lente d'ordinaire, ne se donna aucun repos. Elle alla si vite qu'elle ne prit pas même le temps d'examiner ce que l'on voulait d'elle. Le projet avait été présenté le 20 mars 1838; dès le 24 du même mois, la loi était promulguée, par la voie du *Moniteur*, pour être mise en vigueur le 15 juillet.

L'intervalle était certainement trop court, et, pris ainsi à l'improviste, frappé par une sorte de coup d'État, il n'y avait pas un seul négociant, pour peu qu'il eût spéculé, d'après la législation antérieure et les chances d'écoulement qu'offrait le système des ventes publiques, qui pût, en un temps pareil, écouler les marchandises achetées pour un genre de vente spécial, devenu illicite. C'était précisément l'extrémité dans laquelle on venait de me placer.

Le 24 mars, jour de la promulgation de la loi, j'avais en magasin pour 350,000 francs de marchandises; quelque activité que j'aie déployée, quelque peine que j'aie prise, lorsque vint le 15 juillet, terme fatal assigné par le gouvernement, il m'en restait encore pour plus de 200,000 francs.

Je me trouvais alors à Malines. Que faire en présence d'une loi dont la sévérité me frappait si impitoyablement? Me résigner. J'en sondai le sens et la portée, puis, après un mûr examen, je résolus de suivre l'exemple d'un grand nombre d'autres marchands, de vendre, en détail et à prix fixe, ce que j'avais jusque-là vendu aux enchères. Quoique gravement lésé dans mes intérêts, j'avais encore de l'avantage sur mes concurrents, parce qu'en raison de l'importance de mes achats, les prix proportionnels avaient été moindres pour moi, et que je pouvais, dès lors, vendre à meilleur marché.

Ce nouveau mode de vente ne rencontra aucun obstacle à Malines. Il n'en fut pas de même à Termonde, où les boutiquiers se coalisèrent contre moi. Le Procureur du Roi s'en mêla, mais ce ne fut pas pour appuyer la loi en ma personne, ce fut pour la violer. Il envoya un commissaire de police, avec deux agents, saisir un des objets mis en vente et dresser un procès-verbal. Un premier procès me fut intenté. Le Tribunal de Termonde me condamna, non seulement moi, mais aussi mon commis, à 100 francs d'amende. C'était là une double iniquité, dont, au reste, la cour d'appel de Gand fit justice. Cette cour, en réformant la sentence des juges de Termonde, rendit un arrêt qui, moyennant patente, autorisait le déballage et la vente en détail et à prix fixe, des marchandises de toute nature.

Le ministère public ne se tint pas pour battu. L'amour-propre et l'intérêt local s'en mêlant, il en appela devant la Cour de Cassation qui soumit la cause à la cour de Bruxelles. Celle-ci confirma de tout point le jugement rendu par la cour de Gand; elle fit même ressortir dans ses considérants qu'il était impossible que le législateur eût pu avoir la pensée de décréter une chose dont la conséquence eût été d'empêcher toute concurrence commerciale.

On croirait qu'après deux arrêts pareils et aussi positifs, tout était dit, et que je n'avais plus d'obstacle à craindre. Loin de là, les agents du Gouvernement se sentirent stimulés. Ils en appellèrent de nouveau à la Cour de Cassation qui renvoya l'affaire devant celle de Liége, où elle est encore pendante, les dégoûts de ces procès, puis des persécutions poussées jusqu'à l'extrême violence, m'ayant empêché de défendre mon droit sur ce dernier terrain.

Tant d'acharnement à mon égard ne me laissait, en effet, aucune illusion sur l'avenir qui m'était réservé. Je comprenais fort bien que ma perte était un parti pris, et que l'on voulait y arriver par tous les moyens. La suite n'a que trop montré combien mes prévisions étaient justes.

Je voulus, en conséquence, sortir d'un état de choses qui était de nature à compromettre le reste de ma vie. J'étais associé avec M. Gabriel Brunet ; je lui proposai de rompre notre association, résolu que j'étais de rentrer en France. Ma proposition fut acceptée, et moyennant certaines conditions qui permirent à mon associé et à sa famille de retourner à Paris, je demeurai à Bruxelles, liquidateur de notre maison.

J'avais hâte d'en finir, et je n'avais qu'un seul moyen pour cela ; la loi me le fournissait : c'était d'effectuer une vente totale de mes marchandises, par suite de cessation de commerce. Conformément à l'art. 2 de la loi du 24 mars 1838, j'adressai une demande à la régence de Bruxelles. Celle-ci ne pouvait la rejeter, puisque l'acte de dissolution de société avait été affiché au tribunal de commerce, et que la loi était formelle à cet égard. Elle eût bien refusé l'autorisation, si elle eût osé, si elle eût pu ; elle se contenta de la faire attendre pendant trois semaines.

Enfin, et après bien des démarches, je me trouvais parfaitement en règle. Je fis dès lors tous les préparatifs nécessaires. 20,000 circulaires furent imprimées et distribuées. Je fis apposer un nombre considérable d'affiches, et l'annonce de cette vente fut insérée dans tous les journaux. Je dépensai beaucoup d'argent pour cela et pour la disposition du local ; mais j'étais loin de croire que ce dût être une dépense stérilement faite. Hélas ! j'avais compté sans les sergents de ville !

En effet, à l'heure fixée pour la vente, au moment où la salle était comble, tant était grande l'affluence des acheteurs, quelle ne fut pas ma stupéfaction, lorsque je vis apparaître un commissaire de police, escorté de ses agents, qui déclara devoir saisir tout objet que l'on tenterait de vendre.

Pensant d'abord que cet homme ne savait ce qu'il faisait, je lui fis observer que cette vente était de tout point légale, que j'étais en règle, et, pour l'en convaincre, je lui montrai l'autorisation qui m'avait été donnée par la régence. Il savait cela tout aussi bien que moi ; mais voici ce qui était arrivé : Le Bourgmestre, de qui j'avais l'autorisation, était mort la veille, et, comme si, en Belgique, la mort d'un Bourgmestre devait interrompre le cours de toutes les choses administratives, même celui de la loi, un échevin, cédant on ne sait trop à quelle influence, n'avait eu rien de plus pressé que d'annuler l'autorisation qui m'avait été délivrée, et de charger un commissaire de police d'empêcher la vente de mes marchandises. Il avait pris cette décision secrètement, à mon insu, au mépris de la loi, au mépris de la mémoire et des cendres encore chaudes de son vénérable prédécesseur. C'était à la fois une impiété et une forfaiture.

Que l'on juge de mon désespoir ! non seulement tout l'argent que j'avais dépensé pour cette vente se trouvait perdu, mais je me voyais entravé dans toute ma liquidation, et j'avais des engagements à remplir. Pour faire face à ceux-ci, je croyais pouvoir compter sur la vente de mes marchandises, puisque j'avais pour moi et la loi et l'autorisation du Bourgmestre. Eh bien ! point. Par un acte arbitraire, je me trouvais inopinément empêché d'user des ressources sur lesquelles je devais me reposer.

Ainsi lésé dans mes droits et dans mes intérêts, je crus devoir recourir à l'Ambassadeur de France. C'était alors M. Serrurier. Je réclamai son intervention ; j'obtins de lui les plus belles promesses du monde, mais ce fut tout.

Cependant ces mêmes promesses ajoutaient du courage à celui que je tenais de mon caractère. Déterminé à lutter jusqu'au bout, je me remis au travail, et tentai de faire ce que mille autres que moi faisaient chaque jour publiquement : j'essayai de vendre à prix fixe, c'était du reste mon commerce antérieur. Mais ce qui était licite chez les autres, devenait crime chez moi. Ce mode de vente fut le prétexte de plusieurs procès, qu'il me fallut soutenir, que je gagnai, mais à grands frais.

Pendant ce temps, l'époque de mes engagements arrivait, et, de façon ni d'autre, je ne pouvais rien réaliser à Bruxelles, par suite des empêchements qui m'étaient suscités. J'effectuai les premiers paiements, mais par des moyens trop

ruineux, pour qu'il me fût possible d'y recourir plusieurs
fois. Comme j'avais à cœur de faire honneur à mes affaires,
je cherchai à me créer des ressources meilleures. Je fis prendre, dans ce but, par un de mes beaux-frères, une patente
spéciale, et je lui confiai la mission de déballer dans les prin-
cipales villes du royaume, conformément à la loi et aux
arrêts des cours de Gand et de Bruxelles.

Celui-ci ne rencontra d'abord aucun obstacle. Il opéra
même à Anvers une vente assez avantageuse, mais il lui était
réservé d'essuyer à Louvain une chose qui n'est plus de notre
siècle, et qui serait regardée comme impossible, si les faits
n'étaient certifiés authentiquement.

La vente devait s'ouvrir le 8 décembre 1838. Comme
d'habitude, elle avait été annoncée par la voie des affiches et
des journaux. Il y avait une heure à peine qu'elle était com-
mencée et déjà les acheteurs affluaient. Elle promettait d'être
heureuse, lorsqu'elle fut tout à coup troublée : Un commissaire de police se présenta, escorté de trois agents de la force
publique.

Cette fois, il ne s'agissait plus seulement de mettre un
obstacle pur et simple à une vente qui contrariait les boutiquiers du Louvain. On avait imaginé quelque chose de
beaucoup mieux et trouvé le vrai moyen d'en finir avec moi.
Ce moyen consistait tout bonnement à prendre ma marchandise, à la confisquer, en faisant revivre une sorte de
droit d'aubaine. Ce n'était pas une mauvaise affaire, car il
y en avait pour soixante-dix mille francs ! Plus de dix mille
francs avaient été employés à payer les droits d'entrée en
Belgique. La saisie fut pratiquée ; les scellés furent apposés
sur toutes les issues, sur les fenêtres comme sur la porte ;
mon beau-frère fut mis hors de ce domicile.

Vainement essaya-t-il de s'opposer à de tels actes ; il lui
fallut céder à la violence, et la seule réponse qu'il put obtenir du commissaire de police fut celle-ci : « J'ai reçu des
ordres, je les exécute. »

Cependant, il ne pouvait se laisser ainsi spolier sans
aucune résistance, lorsqu'il avait la loi pour lui. Il se fit

indiquer la demeure de l'avocat le mieux accrédité. Celui-ci, après avoir examiné l'affaire, ne put croire qu'il y eût là autre chose qu'une erreur déplorable, et, comme il était l'avocat habituel de la régence, il pensa qu'un simple avis de lui suffirait pour faire lever une saisie que rien ne pouvait justifier. Il se rendit avec mon beau-frère à l'hôtel-de-ville où le conseil était assemblé. Il fut admis, mais seul. Vainement fit-il toutes les remontrances convenables, vainement expliqua-t-il combien la conduite de la régence en cette affaire était digne de blâme et condamnable sous tous les rapports ; ses remontrances furent écoutées, comprises aussi, mais elles furent inutiles. Le conseil déclara par la voix du Bourgmestre que tout cela pouvait être parfaitement juste, mais que néanmoins la résolution était prise de maintenir la saisie, et que l'on n'en dévierait pas ; que si l'on devait plaider, on plaiderait ; qu'assurément la ville de Louvain était de force à tenir tête à un déballeur.

Telle fut la réponse que l'avocat transmit à mon beau-frère, ajoutant qu'étant chargé des affaires de la ville, il ne pouvait se charger de la sienne. Il lui indiqua un autre avocat, homme de cœur et de mérite d'ailleurs, en lui conseillant d'invoquer avant tout l'appui du Procureur du Roi.

Ce conseil fut suivi, mais inutilement. Bien que la loi fût ouvertement violée, le magistrat, chargé de la faire respecter, n'en prit nul souci et fit cause commune avec ceux qui la foulaient aux pieds. Il renvoya mon beau-frère au Bourgmestre, disant que cette affaire ne le concernait pas. Le Bourgmestre, de son côté, prétendait qu'elle était désormais uniquement celle du Procureur du Roi ; qu'il n'y pouvait rien. On voit qu'ils étaient parfaitement d'intelligence. Aussi n'y eut-il aucune concession, aucune transaction possible. Mon beau-frère alla jusqu'à faire abnégation de son droit, jusqu'à solliciter comme une faveur, comme une sorte de grâce, la permission d'enlever de Louvain ses marchandises, s'engageant à ne jamais y revenir, tant il comprenait que j'en avais le besoin le plus impérieux. Toutes ses supplications furent vaines.

Pendant ce tems, j'étais à Bruxelles, faisant tous mes efforts pour mener, autant que possible, mes affaires à bien ; je tâchais de réaliser de quoi faire face à mes engagements, et j'y serais parvenu, si le déballage, fait à Louvain, eût produit le résultat sur lequel je pouvais raisonnablement compter.

Quelle ne fut pas ma stupéfaction, quel ne fut pas mon désespoir, lorsque mon frère vint m'apprendre la spoliation dont j'étais victime !.. non seulement tous mes calculs se trouvaient renversés, non seulement je ne pouvais plus compter sur le produit d'une vente entravée, mais on avait été jusqu'à me ravir une marchandise qui m'eût fourni une ressource extrême dans un besoin extrême.

Ainsi, par ce seul fait, je me trouvais dénué de tout. Je ne pouvais faire honneur à mes engagements, et je n'avais plus de gage à présenter à mes créanciers, puisqu'on venait de m'enlever arbitrairement une grande partie de ce que je possédais.

Ne pouvant croire qu'il n'y eût moyen de porter immédiatement remède à un état de choses aussi anormal, je m'empressai de convoquer plusieurs avocats, choisis parmi les plus distingués du barreau de Bruxelles ; je leur fis connaître l'acte tyrannique commis envers moi.

Leur avis fut unanime. Tous déclarèrent que j'étais victime d'un abus de pouvoir sans exemple. Leur longue expérience ne leur fournissait même rien d'analogue ; mais, comme ils avaient la pratique des choses, ils s'accordèrent à me dire que j'obtiendrais difficilement du Gouvernement belge la justice qui m'était due. Leur prophétie ne s'est que trop fatalement accomplie !

Pour ce qui était de mes créanciers, ces avocats me conseillaient de leur faire connaître la position dans laquelle on venait de me mettre, ne doutant pas qu'ils n'y eussent tous égard. Sans doute cet avis était bon, mais il était impossible de le mettre à profit, parce que mes créanciers étaient disséminés : les uns demeuraient à Londres, d'autres à Paris, d'autres à Lyon. D'un autre côté, il y avait bon nombre de billets souscrits qui se trouvaient entre les mains de tiers-porteurs. Il n'y avait donc pas d'arrangement immédiat possible, et il fallait immédiatement payer !

D'ailleurs, comment des hommes établis en Angleterre et en France auraient-ils ajouté foi à tout ce que j'aurais pu leur dire ? Comment auraient-ils pu croire à une pareille atteinte portée aux droits les mieux consacrés ? Comment leur persuader qu'un tel acte ait pu se commettre dans un pays civilisé.

La preuve qu'ils en auraient douté de prime abord, c'est qu'ils en ont douté plus tard, et, pensant que je cherchais à les tromper, ils exercèrent contre moi des poursuites rigoureuses, qu'ils regrettèrent sans doute, mais tardivement.

Dans ces tristes conjonctures, j'invoquai l'appui de l'Ambassadeur de France. Celui-ci reconnut que j'étais victime d'une odieuse iniquité, il me plaignit, il fit plus, il épousa ma cause, mais de la main gauche, et de ses promesses, aucune ne fut tenue. Il m'avait fait, entre autres, celle de me procurer une audience du Roi ; voici quel en fut le résultat :

Je reçus une lettre par laquelle j'étais invité à me rendre au Palais. Cette lettre, je l'avoue, comblait mes espérances. Bien, disais-je : *Le Roi le sait, le Roi me fera rendre justice.*

J'arrivai au jour dit, à l'heure dite. Ma lettre à la main, je demandai à être admis et priai que l'on annonçât ma venue. Je ne doutais pas que S. M. ne fût disposée à m'entendre, puisque l'on m'avait écrit en son nom. Eh bien ! S. M. n'était pas à Bruxelles ; elle était, la veille, partie *incognito* pour Londres !

Que l'on juge de mon désappointement ! de ma douleur ! Les gens du palais en furent frappés et me conseillèrent de voir le secrétaire du Roi. S. M. lui aurait, disaient-ils, sans doute laissé des instructions à mon égard. C'était une dernière branche, je la saisis.

Je fus admis en présence du secrétaire de Sa Majesté. S. M. ne m'avait, en effet, pas oublié ; elle avait chargé son secrétaire de me dire qu'elle prenait grandement part à ce

qui m'était arrivé, et de me remettre une somme de CIN-
QUANTE FRANCS.

Ainsi l'autorité belge me ravissait tyranniquement pour
plus de 60,000 francs de marchandises; elle me renversait
d'une position qui devait être inattaquable; elle me ruinait
de fond en comble, moi et les miens; et au lieu de me faire
rendre justice, le chef de l'État me faisait offrir une aumône
de CINQUANTE FRANCS! Le rouge m'en vint au front,
Pardon, Monsieur, dis-je au secrétaire, qui, je l'avoue, pa-
raissait lui-même confus de son rôle, je sais gré à S. M. de
la part qu'elle daigne prendre à l'infortune que les siens
m'ont faite, mais je ne suis pas venu ici tendre la main
comme un mendiant; j'y suis venu demander justice.

Je retournai chez moi, le cœur navré; et il y avait de
quoi, car au nom du même Roi dont je venais d'éprouver
l'impuissance à réparer des torts, les huissiers travaillaient
de leur mieux à achever le mal qu'avait commencé la régence
de Louvain. Les trois quarts de mes créanciers ne pouvant
croire à la réalité des choses, pensant que ce n'était qu'un
leurre imaginé par moi, avaient ordonné des poursuites
rigoureuses. Mes meubles étaient saisis; une prise de corps
avait été décernée, et certes elle eût été mise à exécution,
si je ne m'y fusse soustrait en me cachant.

Que faisait le Gouvernement en ces malheureuses circonstances? quel allégement apportait-il à une infortune dont il
était la première cause?.. Il faisait, de son côté, saisir mes
meubles, pour des contributions dont le terme n'était pas
encore échu!

Ma position était celle-ci : privé de marchandises qui
étaient ma seule ressource, j'étais à la fois poursuivi et par
mes créanciers et par le Gouvernement; livré sans protection aux plus dures violences, je me vis réduit à quitter la
Belgique, pour ne pas être enfermé dans une prison.

Cependant, mes créanciers, mieux éclairés, finirent par
apprécier, comme ils auraient dû le faire dès le principe,
la position dans laquelle on m'avait mis, sans qu'il y eût
rien de ma faute. Par l'organe d'un avocat, je leur avais

proposé l'abandon de tout ce que je possédais, à la condition qu'ils se réuniraient pour revendiquer eux-mêmes les marchandises illégalement saisies, et qu'ils intenteraient à la ville de Louvain un procès en dommages et intérêts.

Ils n'acceptèrent pas cette proposition, mais ils allèrent beaucoup plus loin. Reconnaissant, de commun accord, qu'ils avaient mal agi, en me traitant comme un débiteur de mauvaise volonté, ils résolurent de me laisser le soin de conduire mes affaires comme je l'entendrais, et ils m'accordèrent, pour les payer, six mois, à partir du jour où mes marchandises me seraient restituées. Malheureusement ils avaient fait pour plus de 6,000 francs de frais, et tous ces frais demeuraient à ma charge.

Cette convention faite, je revins en Belgique, et mon premier soin fut de faire valoir mes droits à Louvain. Ils étaient si nettement établis, que l'avocat de la ville ne soutenait la cause de ses clients qu'à contre-cœur. Aussi l'issue du procès me fut-elle favorable. S'élevant au-dessus des intrigues et des influences locales, le tribunal de première instance, sans entendre d'autres témoins que les témoins à charge, c'est-à-dire, les membres du conseil de régence et les commissaires de police, rendit un arrêt par lequel la restitution des marchandises était ordonnée dans les 24 heures.

Je croyais toucher au terme de mes persécutions, et cela avec d'autant plus de raison que le Procureur du Roi s'était engagé à ne pas interjeter appel, si le jugement du tribunal de Louvain était en ma faveur. Il avait fait cette promesse à mon avocat, M. Peemans. Mais, loin d'être arrivé à la fin de mes maux, je n'étais encore qu'au premier degré.

En effet, le Procureur du Roi ne tint pas sa promesse ; non seulement il ne la tint pas, mais, comme M. Peemans la lui rappelait, il le fit suspendre pour six mois de ses fonctions.

D'où venait cette rigueur ? de qui émanait cet acharnement envers moi ? Du Ministère, et il est facile de le comprendre.

La Chambre des Représentants, dans sa hâte de complaire aux intérêts locaux, avait si peu étudié le projet qui lui était soumis, l'avait si vite adopté, qu'incertain de la portée réelle de la loi, le Gouvernement voulait à tout prix qu'une jurisprudence fût établie à cet égard. L'aveu en fut fait par le Procureur Général ; et, comme on m'avait sous la main, on me dévoua en victime à cette expérience de chirurgie législative. Si je succombais à la peine, c'était peu ; je n'étais qu'un étranger !

Je me trouvais ainsi forcément lancé en de longs procès qu'il m'était onéreux, et même presque impossible de soutenir. Je n'en voyais pas la fin, et toute perte de temps ajoutait quelque chose à ma ruine. Aussi n'épargnai-je rien pour arriver à un arrangement quelconque. L'Ambassadeur de France fut sollicité avec de nouvelles instances. Il parut d'abord s'émouvoir, et le secrétaire d'ambassade se rendit chez le Procureur Général, qui donna tous les témoignages extérieurs de sensibilité que peut donner un Procureur, mais qui n'en déclara pas moins nettement qu'il fallait que l'affaire eût tout son cours, qu'il en avait été ainsi décidé dans la haute région du Gouvernement.

Il me fallut subir la nécessité de ce parti pris et attendre la sentence de la cour d'appel de Bruxelles. Cette sentence fut de tout point conforme au jugement rendu par le tribunal de Louvain. Cette fois, je regardais bien les choses comme terminées. Eh bien, non ! Le ministère public, s'acharnant à ma perte, eut le triste courage d'en appeler à la décision de la Cour de Cassation, espérant sans doute que mes ressources épuisées ne me permettraient pas de me faire défendre à la barre du tribunal suprême.

La Cour de Cassation confirma les jugements rendus à Louvain et à Bruxelles. Après cette décision souveraine, il n'y avait plus de prétextes dilatoires à apporter. Force fut bien au ministère public de se soumettre et de me restituer la marchandise que l'on m'avait ravie. C'était déjà un commencement de justice, mais on va voir quelle en fut la fin.

Six mois s'étaient écoulés depuis le jour où les scellés

avaient été mis, par ordre des autorités de Louvain, jusqu'au jour où ils devaient être levés, en vertu des jugements rendus par tous les tribunaux.

Les marchandises saisies se composaient d'articles de nouveautés, de soieries et de gants.

Évidemment les articles de nouveautés n'étaient plus de vente ni de mise, que comme vieilleries. Les étoffes d'hiver n'étaient plus de saison au mois de mai. Les gants, et il y en avait pour 8,000 francs, étaient presque totalement piqués. En définitive, toutes ces marchandises qui coûtaient plus de soixante mille francs, n'en valaient plus et n'en produisirent pas vingt-cinq mille. Il y avait donc une perte réelle d'environ quarante mille francs, en ne tenant compte que de la marchandise. Cette perte s'élevait à plus de cinquante mille, en faisant la part des frais de procès que j'avais dû payer ; et à tout cela, il fallait ajouter l'entretien d'une maison qui alimentait quinze personnes disséminées sur divers points, l'action dispendieuse et l'inaction productive pendant six mois.

J'avais invité mes créanciers à se trouver à Louvain, lors de la levée des scellés. Ils y étaient tous. Ils purent se convaincre eux-mêmes de la détérioration subie par la marchandise. Aussi, à la vue de ce qui m'était restitué, comparativement à ce qui m'avait été pris, furent-ils touchés de la triste position dans laquelle m'avaient placé la ville de Louvain et le Gouvernement. Ils apportèrent d'eux-mêmes et spontanément une réduction aux conditions primitives. Toutefois, comme ils pensaient bien qu'une pareille injustice ne demeurerait pas impunie et qu'une large indemnité serait accordée à celui qui en avait été victime, ils subordonnèrent cette réduction aux événements et ne la firent que temporaire. Il fut stipulé que le paiement de la dette deviendrait intégral lors de l'obtention de l'indemnité.

A cette époque, on n'élevait aucun doute sous ce dernier rapport. Il semblait à tout le monde impossible qu'une ville eût pris sur elle de me ruiner arbitrairement, sans assumer toute la responsabilité de son acte arbitraire.

C'était l'opinion générale, et le langage de tous les journaux était le même à cet égard. On allait même jusqu'à dire que, si les indemnités n'étaient pas accordées, le Gouvernement français ne pouvait guère se dispenser d'intervenir, à moins que de livrer les siens à la merci de la tyrannie étrangère.

Fort de la sympathie et de l'appui moral que je rencontrais partout, je me rendis de nouveau chez l'Ambassadeur de France. Celui-ci m'accueillit bien, dora pour moi toutes ses paroles, alors même qu'il en vint à me blâmer du retentissement que les journaux avaient donné à mon affaire, comme si, étant victime, j'avais pu empêcher la réprobation publique de se manifester par la voix de ses organes les plus intelligents. Je l'aurais pu, que certes je ne l'aurais pas fait. J'emportai de chez lui les plus belles promesses, mais ces promesses, comme toujours, demeurèrent sans résultat.

Cependant, fatigué des remises incessantes et des obstacles sans cesse renaissants que l'on apportait à la conclusion de cette affaire, je me déterminai à en appeler directement à la justice du Gouvernement français. Madame Maillet se rendit dans ce but à Paris. Le Maréchal Soult, aujourd'hui président du conseil, était alors ministre des affaires étrangères; ce fut à lui qu'elle s'adressa, et lorsqu'il eut bien pris connaissance des faits, il lui remit une lettre , dans laquelle il était écrit que des ordres avaient été donnés pour que l'Ambassadeur eût à terminer cette affaire. Il avait été affirmé à Madame Maillet, dans les bureaux, qu'elle ne tarderait pas à obtenir réparation du dommage qui avait été prouvé.

Madame Maillet revint en toute hâte à Bruxelles, et, muni de la lettre du maréchal Soult, je me rendis à l'ambassade. Je l'avoue, cette fois j'étais au comble de mes vœux, et je comptais déjà, dans ma pensée, l'argent que l'on ne pouvait s'empêcher de me payer à titre d'indemnité.

Je suis introduit dans le cabinet de M. Serrurier. Je lui présente la lettre du maréchal Soult; il la prend avec respect, la lit avec attention, puis, me regardant avec un air attendri qui ajoute encore à mes espérances, il me dit qu'il ne peut rien pour moi, que je ne dois pas, le moins du monde, compter sur son intervention. Au reste, ajoute-t-il, adressez-vous aux tribunaux; je ne doute pas qu'ils ne vous rendent la justice qui vous est due à tant de titres.

Ainsi donc, tout cela n'était que comédie diplomatique, et je me trouvais réduit à remettre une fois encore ma fortune aux mains des hommes de justice. C'était loin d'être rassurant pour moi, car j'avais appris, à mes dépens, ce que coûtent les tribunaux, même lorsqu'ils rendent justice. Cependant, mon droit était si clair, si nettement établi par les jugements de la cour d'appel et de la Cour de Cassation, que je me déterminai à réclamer, par cette voie, puisque c'était la seule qui me fût ouverte, le dédommagement des pertes que l'on m'avait fait essuyer.

Mais, cette détermination prise, je n'avais plus les moyens de la mettre à exécution. L'argent me manquait. Par l'entremise d'une personne amie, je m'entendis avec un avocat du barreau d'Anvers qui, moyennant 300 francs pour paiement des droits d'avoué, et 10 p. c. sur le montant de l'indemnité, devait se charger de mener à bonne fin toutes les poursuites.

Cet arrangement pris, les trois cents francs versés entre les mains de l'avocat, je me livrai tout entier au soin de mes affaires. Mon intention était de terminer ma liquidation violemment interrompue, de solder mes créanciers, et de quitter un pays où je venais d'éprouver tant de tribulations. Pour obtenir ce résultat, il n'y avait d'autre moyen que d'effectuer une vente publique pour cause de cessation de commerce. J'adressai, en conséquence, une demande à l'autorité communale. Cette demande, qui ne pouvait être refusée, aux termes précis de la loi, qui devait même être accordée immédiatement et sans restriction, je ne l'obtins qu'après des difficultés et des entraves inimaginables. Ainsi, la régence stipula que j'aurais le droit de vendre pendant huit jours seulement, et, en outre, que la vente des schalls riches me serait interdite. Il était évidemment impossible de trouver en huit jours le débit de cinquante mille francs de marchandises, et la restriction relative aux schalls riches était pour moi un embarras invincible, car ces schalls constituaient une grande partie de mes marchandises. Il eût été ruineux pour moi de les faire rentrer en France, puisqu'ils avaient subi des frais de transport et de douane, et il m'était défendu de les vendre en Belgique !

Après beaucoup de démarches, je parvins à obtenir huit jours de plus, mais l'influence de l'Ambassadeur ne put aller jusqu'à faire modifier la seconde des deux conditions qui m'étaient imposées. La vente publique eut lieu, ainsi tronquée. Elle eut lieu sous les auspices de Messieurs les agents de police qui poussèrent l'insolence jusqu'à me demander, jusqu'à exiger mon passe-port, en présence de deux cents personnes. Plainte fut portée à l'Ambassadeur qui, cette fois, fut assez puissant pour me faire rendre la pièce que l'on m'avait en quelque sorte arrachée.

On voit quelles entraves, quels embarras de toute nature on s'ingéniait à me susciter. Comment la vente aurait-elle pu produire les fruits que je devais en attendre ? C'était impossible ; aussi, loin que ma liquidation fût achevée, comme je l'espérais et comme elle l'eût été, si l'on ne m'eût empêché par toutes sortes de moyens, je ne pus payer qu'une partie de mes dettes, et je demeurai chargé d'une assez forte quantité de marchandises, qui, ayant été achetées pour la Belgique, y ayant supporté des frais extraordinaires, ne pouvaient être vendues dans un autre pays sans une perte énorme.

Force me fut donc de reprendre un commerce que je voulais cesser. J'envoyai mon beau-frère en voyage avec des marchandises, demeurant moi-même à Bruxelles, dans le dessein de consacrer une partie de mon temps aux soins des intérêts soumis à la décision des tribunaux.

L'avocat qui s'était chargé de ma cause me promettait monts et merveilles. Il était sûr, disait-il, qu'une indemnité convenable me serait accordée, peut-être mieux offerte. Cette opinion était d'ailleurs généralement répandue.

Cependant le temps s'écoulait et n'amenait rien de nouveau. La ville de Louvain, qui avait été si prompte à m'attaquer, si zélée à faire vider son procès, lorsqu'elle espérait le gagner; la ville de Louvain, qui était parvenue à parcourir, en moins de six mois, le cercle de toutes les juridictions, montrait, alors qu'il s'agissait pour elle d'une cause qu'elle devait perdre, une si grande force d'inertie, qu'après huit mois écoulés, l'affaire en dommages et intérêts n'était pas encore entamée. Il est vrai de dire que mon avocat, soit qu'il fût gagné par la partie adverse, soit à cause de sa propre incurie, n'avait pas déployé l'activité qu'il m'avait promise et qu'il aurait dû apporter à une cause aussi belle et aussi sacrée.

Ainsi leurré, victime de déceptions multipliées, abreuvé d'amertumes en Belgique, je tournai mes regards vers la France. Je me rendis à Paris, dans le but de réclamer l'intervention du Gouvernement en ma faveur. Ce qui m'enhardissait à faire cette démarche, c'est que, pour une affaire moins grave que la mienne, ce même Gouvernement venait de faire rendre en Portugal une éclatante justice à un de nos compatriotes.

J'adressai une pétition aux Chambres. Plusieurs députés influents se montrèrent indignés de la conduite tenue à mon égard et promirent d'embrasser cette cause avec chaleur. Les journaux l'épousèrent tout de suite, et me prêtèrent généreusement leur appui.

D'un autre côté, les négociants de Paris avec lesquels j'avais eu des relations, voyant la manière dont les choses s'étaient passées et leur exacte situation, cherchèrent à me consoler de la monstrueuse illégalité dont j'avais été victime. Ils m'accueillirent avec une rare bienveillance. Ils ne se contentèrent pas de me plaindre, mais ils m'encouragèrent par la perspective de l'avenir et de la réparation qui m'était due, que l'on ne pouvait me refuser. Non seulement ils n'exigèrent rien de ce que je leur redevais, mais ils m'offrirent, mais ils me forcèrent d'accepter des marchandises nouvelles. Plusieurs mirent leur bourse à ma disposition.

Tout cela était certes de nature à ranimer mes espérances, et, je l'avoue, je ne doutais plus de l'avenir. Si j'avais subi de rudes peines, je croyais être sur le point de toucher un dédommagement qui me les ferait oublier. Cette confiance en ma fortune m'engagea à accepter une partie des marchandises que l'on m'offrait instamment, et je repartis pour Bruxelles, avec la certitude intime que le temps du malheur était passé pour moi. Hélas ! j'étais réservé à de plus cruelles épreuves que toutes celles que j'avais endurées jusqu'alors.

L'accueil même que j'avais reçu à Paris, l'intérêt qu'avaient manifesté en ma faveur et les députés et les journaux, la publicité donnée à mes trop justes griefs, mon maintien peut-être, mais en définitive différentes causes avaient irrité contre moi de grands amours-propres en Belgique. Le Parquet, entre autres, qui n'avait pu me pardonner un simple gain de cause, devant trois cours différentes, il est vrai, ne voyait qu'avec peine ma cause s'élever aux honneurs d'une cause politique. Aussi n'épargna-t-il rien pour en amoindrir l'importance, en m'attaquant et en me blessant dans mon honneur personnel. Voici quel est le prétexte qu'on lui fournit et dont il s'empara avec une ardeur que je ne saurais qualifier :

Quelque temps avant mon départ pour Paris, j'avais pris un intérêt, par acte d'association, dans une publication mensuelle qui venait de s'établir à Anvers, et qui promettait de beaux résultats. Si ces résultats n'ont pas eu lieu, on doit l'attribuer, en grande partie, aux événements qui vont être exposés. Aux termes du contrat, je devais fournir deux mille francs en espèces et me charger en outre de voyager pour cette entreprise. Ma mise de fonds devait être immédiate. Or, je n'avais pas d'argent, mais, par condescendance personnelle, on consentit à accepter, *provisoirement* et *comme nantissement*, des marchandises pour une somme à peu près équivalente.

Les marchandises furent expédiées à Anvers et déposées dans une maison tierce où l'on avança quinze cents francs sur ce dépôt.

Tout cela s'était fait au grand jour. L'acte d'association était publié, l'envoi des marchandises et leur usage n'étaient un secret pour personne. On s'en servit cependant pour me susciter des tribulations dont, aujourd'hui encore, je ressens l'effet, et pour essayer de me perdre sans retour.

On profita de mon absence, quoiqu'on en connût parfaitement et le motif et l'objet (les journaux, tant de France que de Belgique, avaient assez fait connaître l'un et l'autre); on profita, dis-je, de mon voyage à Paris, pour faire peser sur moi une accusation criminelle. Un nommé Gélissen, traîné par moi-même en police correctionnelle, parti depuis de la Belgique, se présenta au Parquet et tint à peu près ce langage au Procureur du Roi : « M. Maillet est hors de Belgique, il est à Paris ; donc il a voulu se soustraire à l'action de ses créanciers, et par cela même il s'est mis en état flagrant de faillite ; mais, d'un autre côté, cette faillite est frauduleuse et devient banqueroute, parce qu'avant de quitter le pays, M. Maillet a détourné des marchandises, et ces marchandises, il les a envoyées à Anvers.

Après une pareille dénonciation, que fit le Procureur du Roi ? Sans examiner ce que voulait celui qui en était l'auteur, sans considérer que si j'eusse voulu me soustraire à l'action de mes créanciers, Paris n'était pas la ville où j'aurais cherché un refuge, puisque c'était précisément la résidence de mes principaux créanciers ; sans le moins du monde s'enquérir s'il était vrai que j'eusse envoyé des marchandises à Anvers, dans un but de détournement, il lança un mandat d'amener, non seulement contre moi, mais aussi contre mon beau-frère, qui était alors à Ostende, où, en pleine sécurité, il faisait tous ses efforts pour réaliser de quoi satisfaire ces mêmes créanciers, que l'on m'accusait de vouloir spolier, moi, qui l'avais été si scandaleusement par l'autorité belge !

J'arrivai à Bruxelles, un samedi soir, amenant avec moi pour six mille francs de marchandises nouvelles ; ce qui était un gage de plus pour mes créanciers. Les espérances que j'avais puisées à Paris furent partagées par tous les miens, et la joie revint dans ma maison si longtemps affligée. Nous nous estimions heureux, et il fut décidé que nous irions le lendemain à Anvers, chez la personne avec laquelle je m'étais associé, bien certain qu'elle prendrait une part véritable à notre satisfaction. Le départ fut fixé à onze heures.

Le Dimanche matin, je me rendis chez un avocat, auquel je voulais désormais confier le soin de mes intérêts. J'entrai chez lui à 9 heures, j'en sortis à 10, fort content de l'entretien que je venais d'avoir avec lui. Qui trouvai-je à la porte de sa maison ? Un agent de police et deux gendarmes qui *m'empoignèrent*, et me traînèrent en prison, sans plus de ménagement que si j'eusse été un assassin pris en flagrant délit. Je fus jeté d'abord au milieu des plus impurs malfaiteurs ; puis mis au secret. Ne pouvant m'expliquer une pareille arrestation et jugeant qu'elle était le résultat d'une erreur, j'avais demandé à être conduit, soit chez l'Ambassadeur de France, soit chez le juge d'instruction, mais inutilement. Pouvait-on, un dimanche gras, déranger, pour si peu, un Ambassadeur ou un juge ? J'en fus réduit à gémir dans un cachot.

Cependant, ma femme m'attendait avec impatience à la maison. L'heure fixé pour le départ et plusieurs heures encore s'étaient écoulées ; je ne rentrais pas. L'inquiétude était excitée ; elle fut à son comble, lorsque la nouvelle de mon arrestation, répandue déjà, parvint jusque chez moi.

Ma femme fut de prime abord, abattue et comme terrassée. Son mari avait été incarcéré et mis au rang des plus vils malfaiteurs ! Mais il y avait quinze ans que nous étions unis et le temps avait été assez long pour qu'elle pût me connaître. Cette connaissance même qu'elle avait de mon caractère lui rendit son énergie. Elle courut chez l'Ambassadeur, lui raconta, toute éplorée, ce qui venait de se passer, puis, dit-elle : « Je ne viens pas implorer votre pitié ; je demande justice. — Si mon mari est coupable, qu'on le punisse, mais du moins que l'on fasse connaître le motif de son arrestation, qu'il soit immédiatement interrogé, et, s'il se disculpe, s'il prouve, comme j'en suis certaine, qu'il n'a commis aucune action mauvaise, aucune action blâmable, qu'il soit relâché et rendu à sa famille. »

Cette fois, l'Ambassadeur ne se donna pas même le soin de dissimuler sa profonde indifférence, comme il l'avait fait auparavant. Sa réponse fut celle-ci : « Je n'ai qu'un conseil à vous donner, Madame, quittez ce pays, parce qu'on est bien décidé à vous poursuivre à toute outrance. » Cela dit, il éconduisit ma pauvre femme.

Peut-être au reste croyait-il donner un conseil salutaire ; peut-être avait-il le sentiment de son impuissance à empêcher d'autres persécutions qui se préparaient, car il est bon de dire que ma femme elle-même devait être arrêtée dès le lendemain, et que, si elle ne le fut pas, elle le dut à ce que l'on jugea à propos de surseoir jusqu'après mon interrogatoire.

Comme j'avais été arrêté le dimanche gras, le parquet s'adonna trois jours durant aux douceurs du carnaval, se reposa le quatrième, et ce fut le jeudi seulement que je fus interrogé. Je sus alors quel était le motif de mon incarcération. Il ne m'était pas difficile de prouver mon innocence. Je le fis au moyen d'un simple exposé des faits. J'engageai le parquet à faire vérifier sans retard l'exactitude de tout ce que j'avançais. Il le fit. Des investigations rigoureures eurent lieu à Anvers, et depuis le commencement jusqu'à la fin, on acquit la certitude que j'avais été victime d'une infâme calomnie ; que les marchandises prétendues détournées, avaient été employées d'une manière utile, en même temps que légale, puisqu'elles étaient à moi et que j'étais libre de toutes mes actions ; en un mot, que rien n'avait été fait qui ne pût être hautement avoué.

Mon innocence devenait ainsi manifeste. Dès lors on ne songea plus à arrêter ni ma femme ni mon beau-frère, comme on en avait l'intention, et, les formalités remplies, j'allais moi-même être mis en liberté, lorsque, ce même Gélissen, à qui je devais quelque argent, demanda et obtint mon incarcération comme débiteur étranger. Il était étran-

ger lui-même, par conséquent inhabile à profiter d'un droit
qui n'appartient qu'aux indigènes ; mais, comme il s'agissait de moi, on n'y regarda pas de si près, et je ne fus pas
élargi ; je fus seulement transféré du quartier des criminels
au quartier des détenus pour dettes.

Voici quel était le calcul de ce Gélissen, en agissant
ainsi :

Il était, sans pouvoir le nier, l'auteur de la calomnie qui
avait motivé mon arrestation. La calomnie ayant été, par le
fait, bien et dûment constatée, il se trouvait en butte à une
action récriminatoire qui pouvait lui coûter fort cher. J'avais
dit à qui avait voulu l'entendre que je me réservais de le
poursuivre rigoureusement à cet égard, et qu'il aurait à
se repentir du mal qu'il m'avait fait. Il me savait homme
de parole et de résolution. Qu'imagina-t-il pour paralyser
mes desseins ? Il me fit retenir en prison : « Pour obtenir la
liberté, il transigera, disait-il ; j'obtiendrai son désistement,
nous nous arrangerons. »

Mais il se trompait, il n'y avait pas d'arrangement possible. J'aurais mieux aimé demeurer incarcéré le reste de
mes jours que de transiger avec un pareil homme. Plusieurs
avocats intervinrent ; voici quel fut mon dernier mot : « J'ai
porté plainte contre Gélissen ; je consens à donner mon désistement, mais c'est à la condition que demain matin, à
huit heures, il me rendra raison, jusqu'à ce que la mort de
l'un de nous s'en suive. »

La réponse de Gélissen fut faite au Procureur du Roi, à
qui il dénonça la provocation en duel qui venait de lui être
adressée. On sut, Dieu merci ! apprécier l'infamie d'une
telle conduite, et, bien qu'une loi contre la provocation en
duel vînt d'être promulguée, Gélissen en fut pour les frais
de sa double lâcheté.

Repoussé de ce côté, il se tourna vers mes créanciers.
Nul ne sait quelles menées secrètes il employa pour les
amener à se liguer contre moi ; toujours est-il qu'il ne parvint pas à atteindre son but, quoiqu'il se fût servi des
moyens les plus misérables, qu'il eût été jusqu'à simuler

des faux! Malgré toutes ses intrigues et ses machinations, j'échappai à une partie du mal qu'il me destinait. Je fus remis en liberté, mais Dieu sait à quel prix, et après combien de souffrances!

Mes affaires arrangées, je me trouvais certes dans une position bien difficile. Il me restait quelques débris de marchandises et j'avais de lourdes charges à supporter. Je n'aurais pu résister, si d'honnêtes gens ne me fussent venus en aide. Mais on savait que j'étais homme à chercher et à trouver des ressources dans le travail; on m'appuya.

Bien que j'eusse tout lieu de compter sur le produit d'indemnités que l'on devait d'autant moins me faire attendre désormais, que l'on venait de me faire subir de plus cruels tourments, ce fut, en effet, dans le travail que je cherchai le moyen de subvenir aux besoins de ma famille. Je me remis courageusement à l'œuvre, pour me refaire une position analogue à celle que l'on avait brisée. Et bien m'en prit, car, après deux ans d'attente, non seulement je n'avais reçu aucune indemnité, mais ma cause n'avait pas même été portée au rôle, et la conduite de l'avocat en cette affaire avait été telle, que l'on s'était vu obligé de l'attraire lui-même en justice et de lui faire restituer l'argent qu'il avait touché, plus de deux années auparavant, pour couvrir les frais d'une procédure qu'il n'avait pas même entamée.

Je me trouvais alors, par le fait même de cette défection de mon avocat, dans l'impuissance d'intenter un procès à la ville de Louvain; n'ayant pas assez d'argent pour le soutenir, force me fut bien de temporiser.

A la même époque, je quittai Bruxelles pour établir mon domicile à Gand. Mon commerce ne tarda pas à y prendre une grande extension. Il se divisait en deux parties bien distinctes : le commerce à poste fixe et le déballage. J'exerçais ce dernier dans les villes voisines, telles que Bruges, Ostende, Courtrai. Pendant une année rien ne me troubla, mais, comme la tranquillité ne pouvait m'être laissée, parce que l'on avait résolu de me perdre, on provoqua à l'improviste, comme toujours, une loi qui fut mise en vigueur tout de suite, et qui rendait dorénavant impossible le commerce de déballage, parce qu'elle imposait un droit de patente spéciale pour chaque localité. Cependant, comme, moyennant le paiement de cette patente spéciale, elle permettait la liquidation du commerce qu'elle venait entraver, je voulus me servir de la dernière ressource qu'elle me laissait, pour écouler les marchandises particulièrement affectées à ce genre de commerce. Je demandai, en conséquence, une autorisation qui était conforme aux exigences de la loi et qui me fut accordée par l'autorité communale. Je payai pour cet objet près de cinq cents francs, sans parler de cent francs qui me furent extorqués par un des agents du pouvoir, agent qui du reste a disparu depuis.

Mes marchandises avaient été déclarées, et, après vérification, il y en avait pour environ 80,000 francs. La vente, fixée au 10 Juillet 1842, était faite par M. Predhom. commissaire-priseur. Dès le troisième jour elle fut troublée. Les boutiquiers de la ville avaient obtenu une fois encore de l'autorité communale que je fusse mis hors la loi. Cette même régence qui m'avait accordé, qui, pour mieux dire, m'avait fait payer l'autorisation de vendre, prit sur elle de permettre que trois des mes ennemis vinssent, sous la protection de deux commissaires de police, violer mon domicile. Ces marchands prétendirent qu'ils avaient la mission d'examiner tout ce qui était chez moi, et, cette mission, ils la remplirent en bouleversant de fond en comble mes magasins. Je subis cette violence, sans chercher à y résister, comme je l'aurais pu. Pour éviter tout procès, je sacrifiai mon droit, mais ce sacrifice ne me fut pas utile.

Quinze jours, en effet, ne s'étaient pas écoulés, que les mêmes gens revinrent à la charge, mais cette fois, encouragés sans doute par ma modération première, ils poussèrent les choses à un dégré extrême.

Lorsqu'ils se présentèrent, je leur demandai en vertu de quel pouvoir ils venaient chez moi; je les sommai de me montrer leur mandat; ils n'en avaient point. Un huissier intervint, qui protesta, en mon nom, contre l'acte que l'on voulait commettre à mon égard ; mais ce fut en vain, et la violation de mon domicile eut lieu avec les circonstances les plus aggravantes. Mes marchandises furent jetées pêle-mêle, livrées aux manipulations et aux souillures; mes livres, mes factures, mes papiers les plus secrets, cherchés jusque dans les lieux les plus sacrés, furent mis à la merci d'estafiers et de gens hostiles. Ce n'était pas encore assez ; on y joignit les menaces, les injures les plus grossières, et même des violences personnelles. On alla jusqu'à vouloir m'expulser de mon domicile, avec tous les miens. S'il n'en fut pas ainsi, je le dois à l'intervention officieuse de quelques avocats, qui, scandalisés de la conduite tenue à mon égard, prirent fait et cause pour moi.

Que faire en présence de tels actes ? La loi était outragée ; il n'y avait plus de sécurité ni pour la propriété, ni pour la personne. La régence, loin de m'assurer la jouissance du droit qu'elle m'avait fait payer, n'avait cessé de me persécuter, soit au grand jour, soit occultement. Un système d'espionage et de dénigrement avait été organisé, et j'étais en butte à tout ce que la police a de plus brutal. La journée du 28 Juillet en offre la preuve.

Force me fut de renoncer à vendre. Le commissaire-priseur le comprit comme moi, et je n'avais pas encore réalisé le tiers de mes marchandises. Cependant je n'en vins pas à cette extrémité, sans avoir réclamé l'appui de M. le Procureur du Roi. Son office était de faire respecter la loi et de me venir en aide ; il en jugea autrement sans doute, car il m'intenta un procès en police correctionnelle. C'était la vieille routine, et pour donner un prétexte à ses persécutions, il prétendit que des marchandises étaient introduites nuitamment chez moi. La fausseté de cette allégation était palpable, et rien n'était plus facile que de s'en convaincre. A l'ouverture de la vente, il avait été déclaré et vérifié pour 80,000 francs de marchandises, les livres du commissaire-priseur témoignaient que l'on en avait débité seulement pour 27,000 ; il en restait donc encore pour plus de 50,000 en magasin. Dès-lors, quel intérêt aurais-je eu à faire entrer occultement de nouvelles marchandises, puisque j'en avais d'anciennes à écouler ? Malgré cela, sans preuve, sans même être entendu, je fus condamné, par le tribunal de police correctionnelle à 300 francs d'amende. C'était encore trop peu au gré de M. le Procureur du Roi, car, en même temps que je me mettais sous la sauve-garde de la cour d'appel, il demandait, de son côté, une peine plus forte contre moi.

Quelle était alors la conduite de la légation de France ? En même temps que j'avais invoqué la protection du Procureur du Roi, j'avais invoqué aussi celle de nos agents diplomatiques. Je m'étais plaint au vice-consul résidant à Gand, des tribulations que l'on me faisait éprouver. Celui-ci en avait référé au consul. Puis, suivant la hiérarchie, ma plainte était arrivée à l'Ambassadeur ; elle y était arrivée avec l'appui qui est dû à toute cause juste.

Les faits furent jugés si graves qu'une enquête fut ordonnée. Si elle eût été faite d'une manière bien sérieuse, si les Représentants du Gouvernement français eussent alors montré l'énergie convenable, j'eusse obtenu justice immédiate de ce grief, qui, au reste, n'était qu'une annexe à beaucoup d'autres. La preuve en est, que, comme de prime abord, ne consultant que sa propre inspiration et la voix de sa conscience, l'Ambassadeur se montrait disposé à soutenir ma cause, la régence de Gand, consultant, elle aussi, la voix de sa conscience, effrayée de ce qu'elle avait osé faire, ne demandait pas mieux que de réparer le tort qu'elle m'avait causé. Il avait été décidé, en conseil, qu'une indemnité me serait offerte ; il ne restait plus qu'à en fixer le chiffre. La chose résolue en principe, l'effet eût suivi, si l'Ambassade de France eût fait preuve de zèle. Comme elle n'en fit rien, qu'elle se contenta de psalmodier, sur tous les tons, une litanie en ma faveur, les Magistrats de Gand ne tardèrent pas à se rassurer. Non-seulement il ne fut plus question de m'offrir une indemnité, mais on travailla de plus belle à ma perte. Si l'on veut une preuve de l'ardeur et de l'acharnement que l'on mit à cet égard, il me suffira de citer deux faits :

Certes ma cause était de celles qui ont droit à des ménagements et pour qui le champ de la défense ne saurait être trop largement ouvert. Eh bien! par un misérable esprit de chicane, on n'a pas rougi d'exiger de moi, pour pouvoir invoquer la protection des tribunaux, en ma qualité de Français, une caution de mille francs; puis, comme je n'avais pas cette somme et que M. *le Vice-Consul de France offrait sa caution personnelle*, on n'a pas craint de refuser cette caution. Il a fallu que celui-ci versât en *bonne monnaie de France*, les mille francs exigés.

D'un autre côté, j'ai dit que le Procureur du Roi avait interjeté appel *à minimâ*. La cour de Gand, loin de partager sa façon de voir, et de penser que je n'étais pas assez puni pour n'avoir rien fait qui ne fût légal, annula le jugement qui me condamnait. Si l'on eût eu quelque pudeur, on en serait resté là, car on m'avait fait assez de mal; mais non! battu sur ce terrrain, le Procureur du Roi en appela à la Cour de Cassation, sachant bien que mes ressources, épuisées par tant de procès ne me permettraient pas de le suivre partout. Perdant ma cause à Bruxelles, la gagnant même, je devais m'attendre à être renvoyé par devant la cour de Liége. J'avais à ce sujet l'expérience du passé.

En résumé, j'ai été ruiné de fond en comble par les actes iniques de l'autorité belge. Séquestration arbitraire de ma marchandise pendant six mois, détérioration et perte d'une grande partie, procès sans nombre, empêchements à mon commerce, violation de domicile, emprisonnement, voilà ce que l'on m'a fait souffrir depuis cinq ans. Opposant la modération à la violence, j'ai fait tout ce qui dépendait de moi, pour obtenir, par des moyens de conciliation, le dédommagement du mal qui m'a été si cruellement fait. Malheureusement, après plusieurs années de vaine attente, j'en suis venu à désespérer de la justice des Gouvernements. Si j'obtiens quelque indemnité, je ne le devrai qu'à la publicité. Au reste, quelque soit le dédommagement que l'on m'accorde, jamais il ne compensera les souffrances que l'on m'a fait endurer.

Imprimerie A. François et Cie, rue du Petit-Carreau, 32.